Impressum
Verlag: BABADADA GmbH, Nedderfeld 112 , 22529 Hamburg
Geschäftsführer / Verlagsleitung: Harald Hof
Druck: Books on Demand GmbH, In de Tarpen 42, 22848 Norderstedt

Imprint
Publisher: BABADADA GmbH, Nedderfeld 112 , 22529 Hamburg, Germany
Managing Director / Publishing direction: Harald Hof
Print: Books on Demand GmbH, In de Tarpen 42, 22848 Norderstedt, Germany

школа
Szkoła

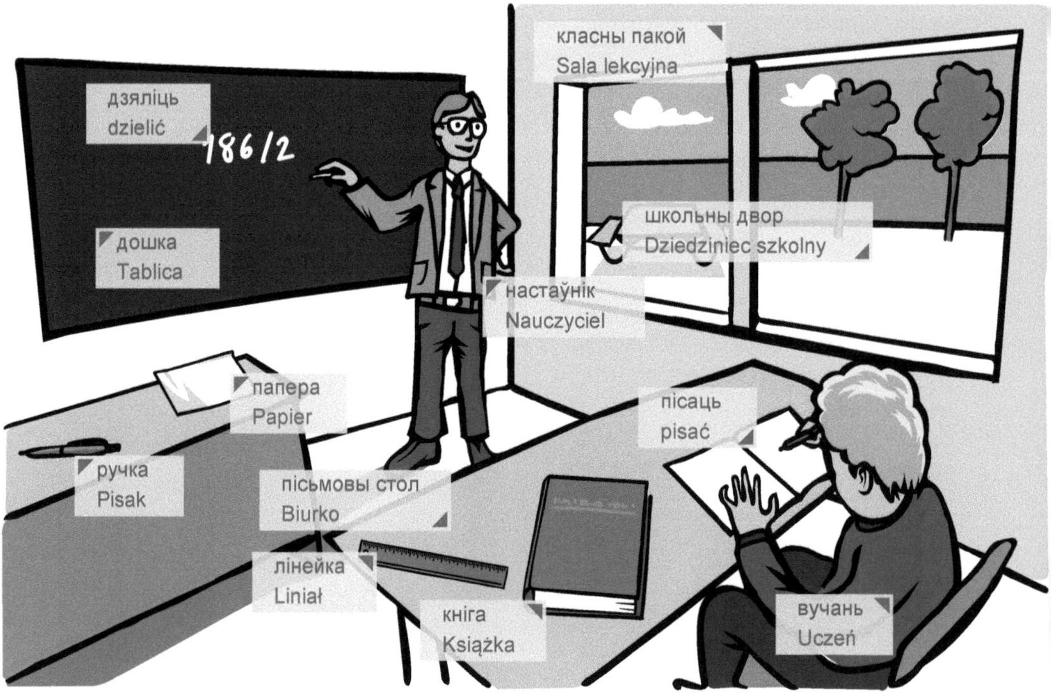
класны пакой
Sala lekcyjna
дзяліць
dzielić
186/2
дошка
Tablica
школьны двор
Dziedziniec szkolny
настаўнік
Nauczyciel
папера
Papier
пісаць
pisać
ручка
Pisak
пісьмовы стол
Biurko
лінейка
Liniał
кніга
Książka
вучань
Uczeń

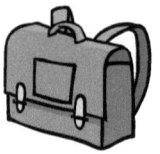

ранец
Plecak szkolny

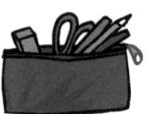

пенал
Piórnik

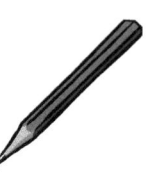

просты аловак
Ołówek

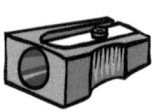

тачылка для алоўкаў
Temperówka

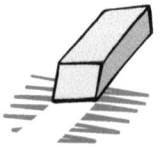

гумка
Gumka do mazania

альбом для малявання
Blok rysunkowy

малюнак

Rysunek

пэндзлік

Pędzel

фарбы

Pudełko z akwarelami

нажніцы

Nożyce

клей

Klej

сшытак

Książka do ćwiczenia

хатняе заданне

Zadanie domowe

лік

Liczba

дадаваць

dodawać

адымаць

odejmować

множыць

mnożyć

лічыць

liczyć

літара

Litera

алфавіт

Alfabet

слова

Słowo

тэкст

Tekst

чытаць

czytać

крэйда

Kreda

ўрок

Godzina

класны журнал

Dziennik lekcyjny

экзамен

Egzamin

атэстат

Świadectwo

школьная форма

Mundurek szkolny

адукацыя

Wykształcenie

энцыклапедыя

Leksykon

універсітэт

Uniwersytet

мікраскоп

Mikroskop

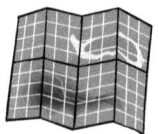

карта

Mapa

смеццевы кошык

Kosz na odpadki

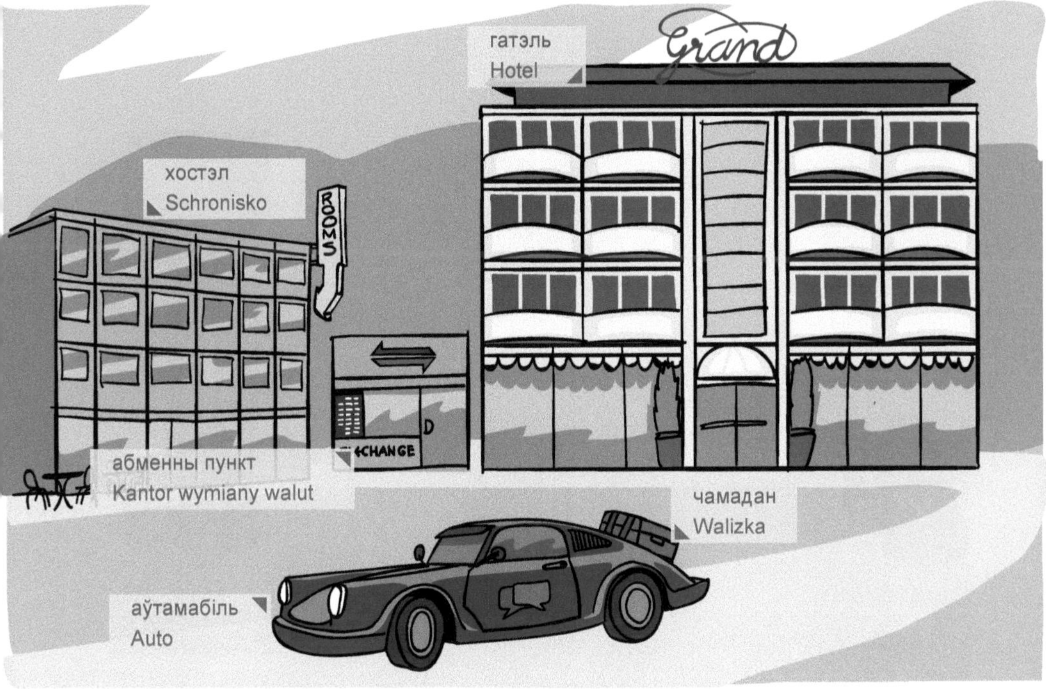

гатэль
Hotel
Grand
хостэл
Schronisko
ROOMS
абменны пункт
Kantor wymiany walut
EXCHANGE
чамадан
Walizka
аўтамабіль
Auto

мова
Język

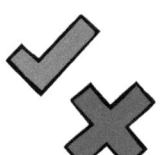

так / не
tak / nie

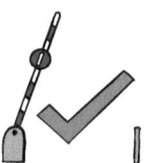

добра
OK

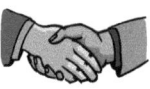

прывітанне!
Halo

перакладчык
Tłumacz

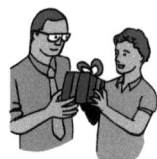

дзякуй
Dziękuję

Колькі каштуе....?

Ile kosztuje ...?

я не разумею

Nie rozumiem

праблема

Problem

Добры вечар!

Dobry wieczór!

Добрай раніцы!

Dzień dobry!

Дабранач!

Dobranoc!

да пабачэння

Do widzenia

кірунак

Kierunek

багаж

Bagaż

сумка

Torba

заплечнік

Plecak

госць

Gość

пакой

Pokój

спальны мяшок

Śpiwór

палатка

Namiot

інфармацыя для турыстаў

Informacja turystyczna

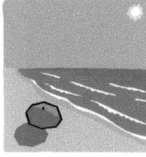

пляж

Plaża

крэдытная картка

Karta kredytowa

снеданне

Śniadanie

абед

Obiad

вячэра

Kolacja

праязны білет

Bilet

ліфт

Winda

паштовая марка

Znaczek na list

мяжа

Granica

мытня

Cło

пасольства

Ambasada

віза

Wiza

пашпарт

Paszport

транспарт
Transport

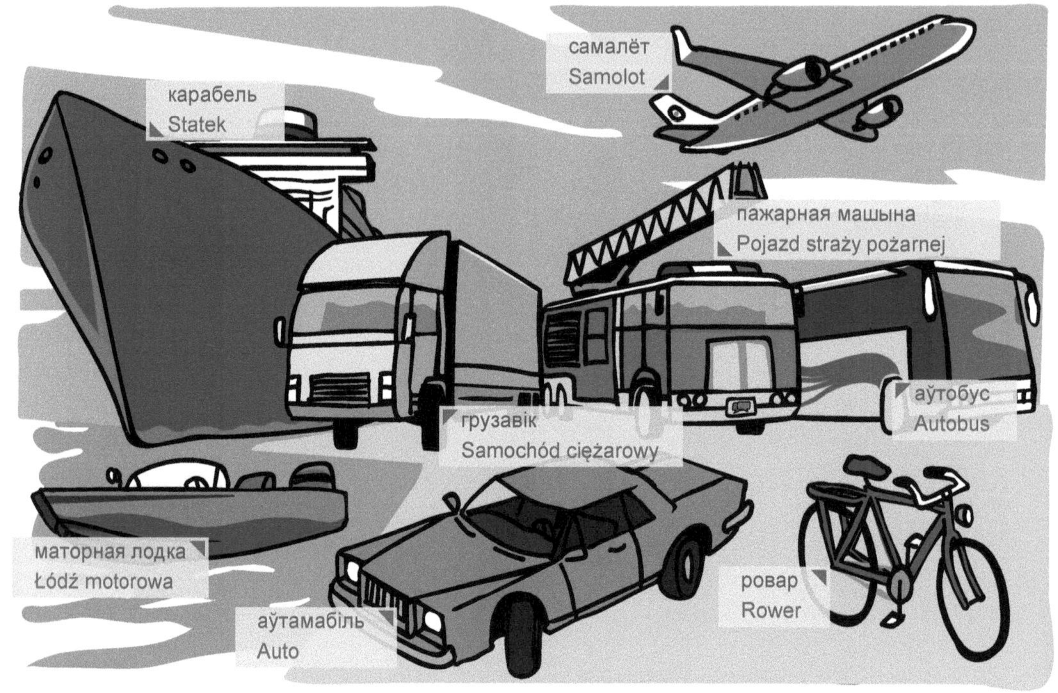

самалёт
Samolot
карабель
Statek
пажарная машына
Pojazd straży pożarnej
аўтобус
Autobus
грузавік
Samochód ciężarowy
маторная лодка
Łódź motorowa
ровар
Rower
аўтамабіль
Auto

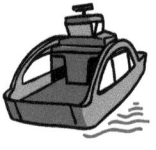

парром

Prom

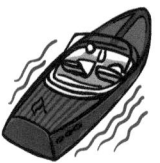

лодка

Łódź

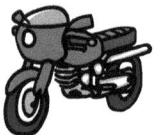

матацыкл

Motocykl

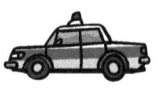

паліцэйская машына

Radiowóz policyjny

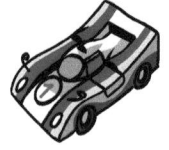

гоначны аўтамабіль

Samochód wyścigowy

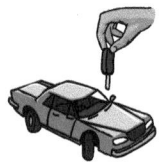

арэндаваны аўтамабіль

Samochód wypożyczony

сумеснае карыстанне
аўтамабілем

Wspólne przejazdy
samochodem

эвакуатар

Samochód pomocy
drogowej

смеццявоз

Śmieciarka

матор

Silnik

паліва

Benzyna

запраўка

Stacja benzynowa

дарожны знак

Znak drogowy

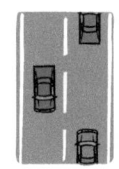

дарожны рух

Ruch

затор

Korek

паркоўка

Parking

чыгуначная станцыя

Dworzec

рэйкі

Szyny

цягнік

Pociąg

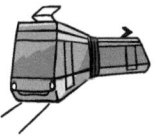

трамвай

Tramwaj

вагон

Wagon

верталёт

Helikopter

аэрапорт

Lotnisko

вежа

Wieża

пасажыр

Pasażer

кантэйнер

Kontener

кардонная скрыня

Karton

тачка

Taczka

карзіна

Kosz

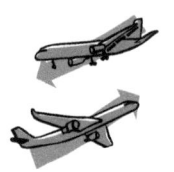

ўзлятаць / прызямляцца

startować / lądować

горад

Miasto

вёска

Wieś

цэнтр горада

Centrum miasta

дом

Dom

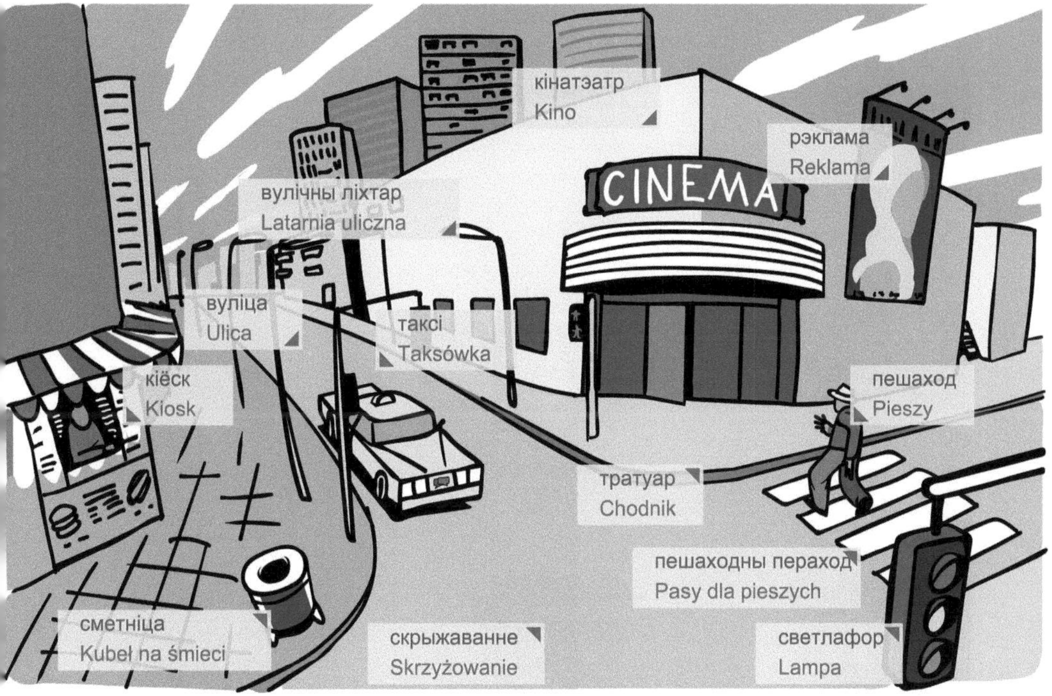

кінатэатр
Kino

рэклама
Reklama

вулічны ліхтар
Latarnia uliczna

CINEMA

вуліца
Ulica

таксі
Taksówka

пешаход
Pieszy

кіёск
Kiosk

тратуар
Chodnik

пешаходны пераход
Pasy dla pieszych

сметніца
Kubeł na śmieci

скрыжаванне
Skrzyżowanie

светлафор
Lampa

халупа
Chata

кватэра
Mieszkanie

чыгуначная станцыя
Dworzec

ратуша
Ratusz

музей
Muzeum

школа
Szkoła

універсітэт

Uniwersytet

банк

Bank

шпіталь

Szpital

гатэль

Hotel

аптэка

Apteka

офіс

Biuro

кнігарня

Księgarnia

крама

Sklep

кветкавая крама

Kwiaciarnia

супермаркет

Supermarket

кірмаш

Rynek

універмаг

Dom towarowy

рыбная крама

Sklep z rybami

гандлевы цэнтр

Centrum handlowe

порт

Port

парк

Park

лава

Ławka

мост

Most

лесвіца

Schody

метро

Metro

тунэль

Tunel

прыпынак

Przystanek autobusowy

бар

Bar

рэстаран

Restauracja

паштовая скрыня

Skrzynka na listy

вулічны паказальнік

Tabliczka z nazwą ulicy

паркамат

Parkometr

заапарк

Zoo

басейн

Łaźnia

мячэць

Meczet

сядзіба

Gospodarstwo chłopskie

забруджванне
навакольнага асяроддзя

Zanieczyszczenie
środowiska

могілкі

Cmentarz

царква

Kościół

пляцоўка для гульні

Plac zabaw

храм

Świątynia

краявід
Krajobraz

ліст
Liść

паказальнік
Drogowskaz

дарога
Droga

луг
Łąka

камень
Kamień

дрэва
Drzewo

падарожнік
Wędrowiec

рака
Rzeka

трава
Trawa

кветка
Kwiat

даліна
Dolina

гара
Góra

возера
Jezioro

лес
Las

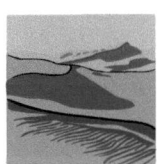

пустыня
Pustynia

вулкан
Wulkan

замак
Zamek

вясёлка
Tęcza

грыб
Grzyb

пальма
Palma

камар
Komar

муха
Mucha

мурашка
Mrówka

пчала
Pszczoła

павук
Pająk

жук
....
Chrząszcz

жаба
....
Żaba

вавёрка
....
Wiewiórka

вожык
....
Jeż

заяц
....
Zając

сава
....
Sowa

птушка
....
Ptak

лебедзь
....
Łabędź

дзік
....
Dzik

алень
....
Jeleń

лось
....
Łoś

плаціна
....
Tama

вятрак
....
Wiatrak

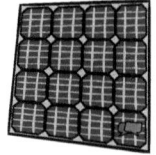

сонечная батарэя
....
Moduł solarny

клімат
....
Klimat

рэстаран
Restauracja

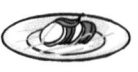

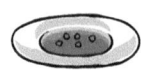

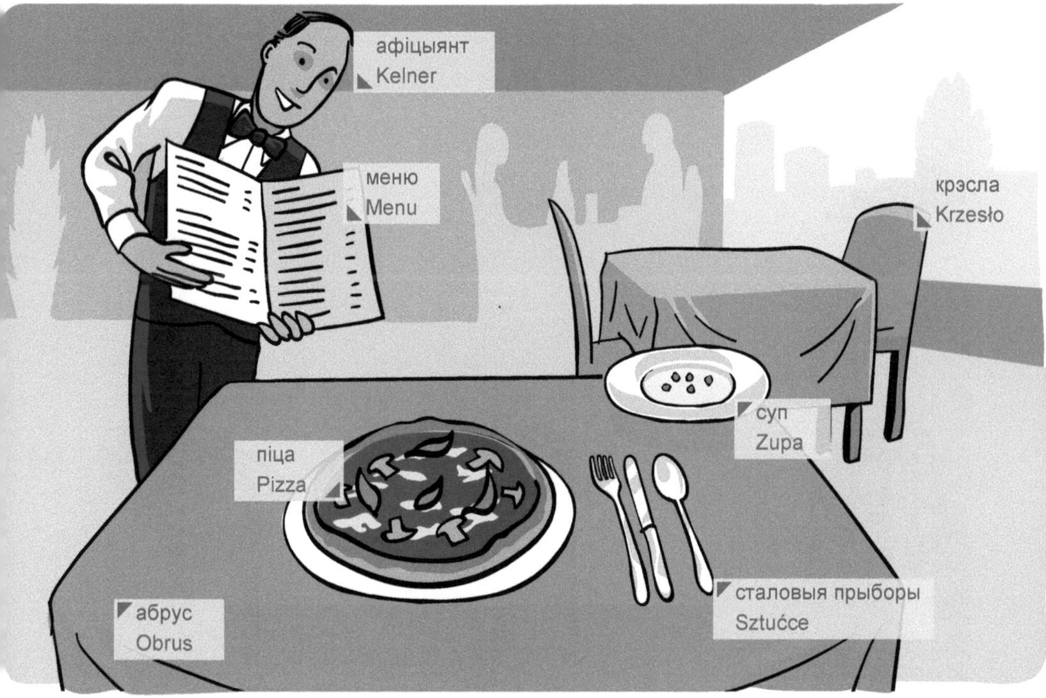
афіцыянт
Kelner
меню
Menu
крэсла
Krzesło
суп
Zupa
піца
Pizza
абрус
Obrus
сталовыя прыборы
Sztućce

закуска

Przystawka

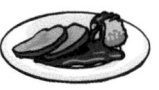

другая страва

Danie główne

дэсерт

Deser

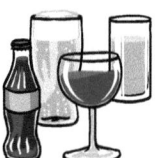

напоі

Napoje

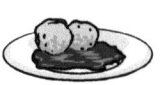

ежа

Jedzenie

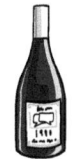

бутэлька

Butelka

хуткае харчаванне (фаст-фуд)

Fastfood

стрыт-фуд

Streetfood

імбрык (чайнік)

Dzbanek na herbatę

цукарніца

Cukierniczka

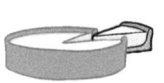

порцыя

Porcja

эспрэса-машына

Zaparzarka do espresso

дзіцячае крэселка

Krzesło dla dziecka

рахунак

Rachunek

паднос

Taca

нож

Nóż

відэлец

Widelec

лыжка

Łyżka

чайная лыжка

Łyżeczka

сурвэтка

Serwetka

шклянка

Szklanka

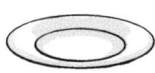

талерка

Talerz

супавая талерка

Talerz do zupy

сподак

Podstawek pod filiżankę

соус

Sos

сальніца

Solniczka

млынок для перцу

Młynek do pieprzu

воцат

Ocet

алей

Olej

спецыі

Przyprawy

кетчуп

Keczup

гарчыца

Musztarda

маянэз

Majonez

супермаркет
Supermarket

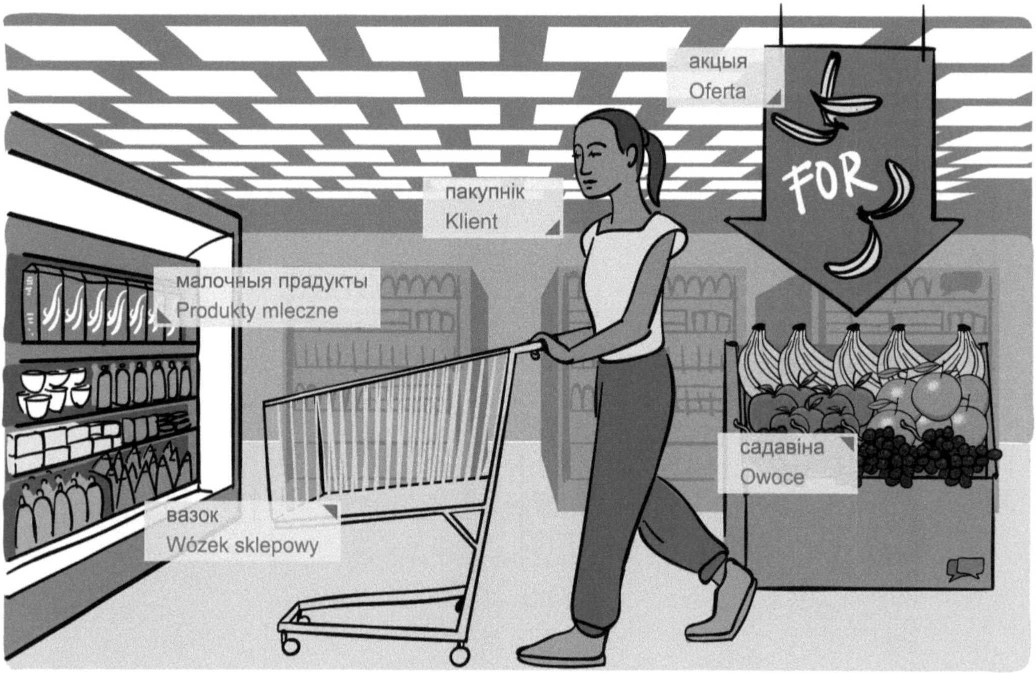
акцыя
Oferta
FOR
пакупнік
Klient
малочныя прадукты
Produkty mleczne
садавіна
Owoce
вазок
Wózek sklepowy

BUTCHERS

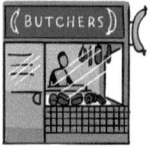

мясная крама

Rzeźnia

BAKERY

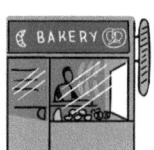

хлебны магазін

Piekarnia

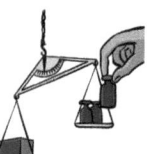

важыць

ważyć

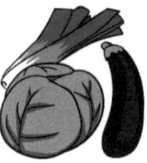

гародніна

Warzywa

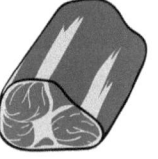

мяса

Mięso

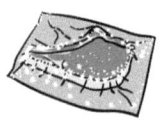

свежазамарожаныя прадукты

Mrożonki

нарэзка

Wędliny

кансервы

Konserwy

пральны парашок

Proszek m do prania

прысмакі

Słodycze

хатнія прылады

Artykuły użytku domowego

чысцячы сродак

Środek czyszczący

прадавец

Sprzedawczyni

каса

Kasa

касір

Kasjer

спіс пакупак

Lista zakupów

гадзіны працы

Godziny otwarcia

бумажнік

Portfel

крэдытная картка

Karta kredytowa

сумка

Torba

пакет

Torebka plastikowa

вада

Woda

сок

Sok

малако

Mleko

кола

Cola

віно

Wino

піва

Piwo

алкаголь

Alkohol

какава

Kakao

гарбата (чай)

Herbata

кава

Kawa

эспрэса

Espresso

капучына

Cappuccino

банан

Banan

яблык

Jabłko

апельсін

Pomarańcza

дыня

Arbuz

лімон

Cytryna

морква

Marchew

часнок

Czosnek

бамбук

Bambus

цыбуля

Cebula

грыб

Grzyb

арэхі

Orzechy

локшына

Makaron

спагеці

Spaghetti

рыс

Ryż

салата

Sałatka

бульба фры

Frytki

смажаная бульба

Ziemniaki pieczone

піца

Pizza

гамбургер

Hamburger

бутэрброд

Kanapka

шніцаль

Sznycel

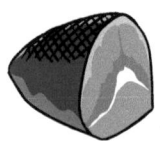

вяндліна

Szynka

салямі

Salami

каўбаса

Kiełbasa

курыца

Kura

смажаніна

Pieczeń

рыбак

Ryba

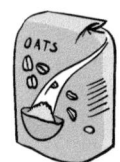

аўсяныя камякі

Płatki owsiane

мюслі

Musli

кукурузныя шматкі

Płatki kukurydziane

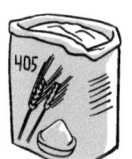

мука

Mąka

круасан

Croissant

булачка

Bułka

хлеб

Chleb

тост

Toast

пячэнне

Ciastka

масла

Masło

тварог

Twarożek

пірог

Ciasto

яйка

Jajko

яечня

Jajko sadzone

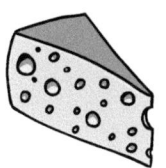

сыр

Ser

марожанае

Lody

цукар

Cukier

мёд

Miód

варэнне

Marmolada

нуга

Krem nugatowy

кары

Curry

сядзіба
Gospodarstwo chłopskie

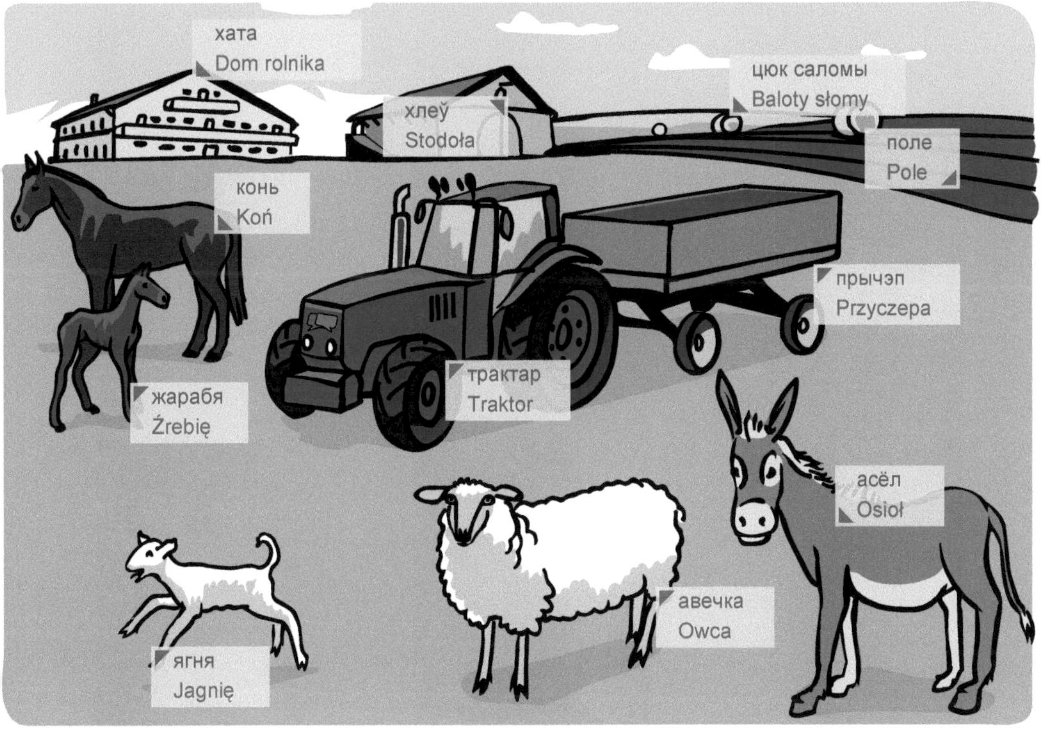
хата
Dom rolnika
хлеў
Stodoła
цюк саломы
Baloty słomy
поле
Pole
конь
Koń
прычэп
Przyczepa
трактар
Traktor
жарабя
Źrebię
асёл
Osioł
авечка
Owca
ягня
Jagnię

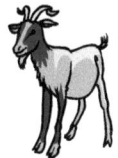

каза

Koza

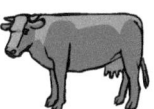

карова

Krowa

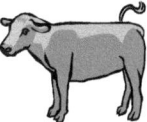

цяля

Cielę

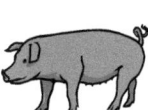

свіння

Świnia

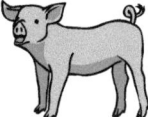

парася

Prosię

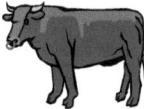

бык

Byk

гусак

Gęś

качка

Kaczka

кураня

Kurczątko

курыца

Kura

певень

Kogut

пацук

Szczur

кот

Kot

мыш

Mysz

вол

Osioł

сабака

Pies

сабачая будка

Buda dla psa

садовы шланг

Wąż ogrodowy

палівачка

Konewka

каса

Kosa

плуг

Pług

серп

Sierp

матыка

Graca

вілы для гною

Widły

сякера

Siekiera

тачка

Taczka

карыта

Koryto

бітон для малака

Kanka na mleko

мех

Worek

плот

Płot

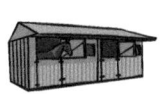

хлеў

Stajnia

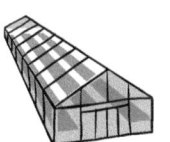

цяпліца

Szklarnia

глеба

Ziemia

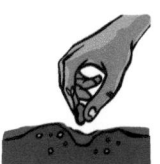

насенне

Nasiona

угнаенне

Nawóz

камбайн

Kombajn zbożowy

збіраць ураджай

zbierać

ураджай

Żniwa

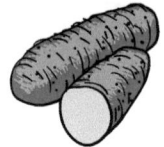

ямс

Podchrzyn

пшаніца

Pszenica

соя

Soja

бульба

Ziemniak

кукуруза

Kukurydza

рапс

Rzepak

садовае дрэва

Drzewo owocowe

маніёк

Maniok

збожжа

Zboże

комін
Komin

дах
Dach

вадасцёк
Rynna deszczowa

акно
Okno

гараж
Garaż

званок
Dzwonek

дзверы
Drzwi

вядро для смецця
Wiaderko na śmieci

паштовая скрыня
Skrzynka na listy

сад
Ogród

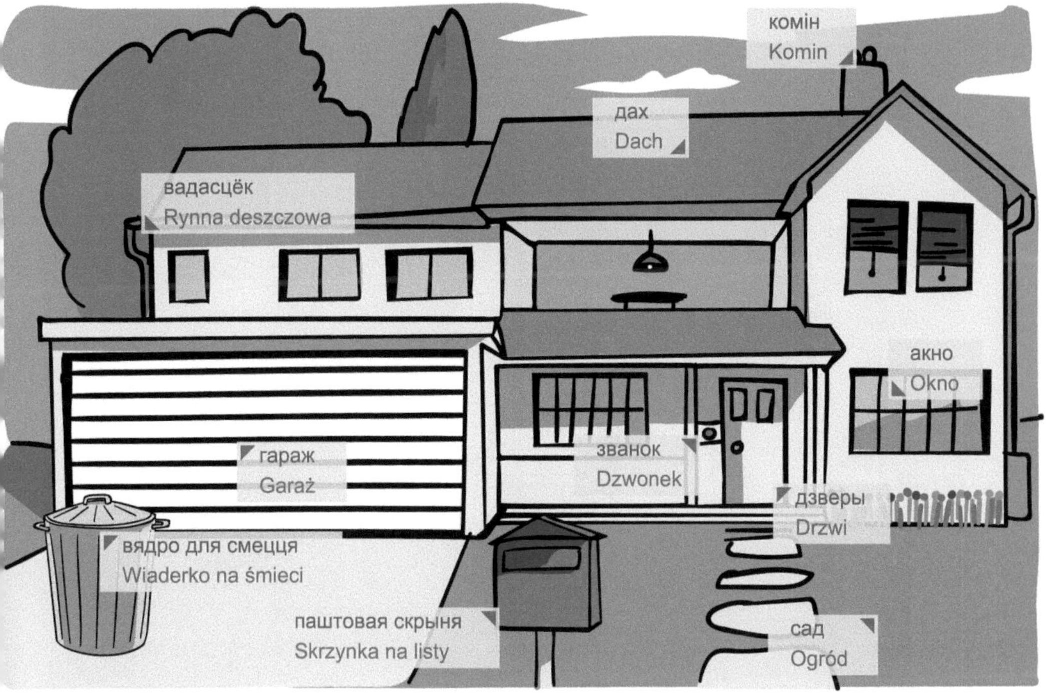

жылы пакой

Pokój dzienny

ванная

Łazienka

кухня

Kuchnia

спальны пакой

Sypialnia

дзіцячы пакой

Pokój dziecięcy

сталоўка

Jadalnia

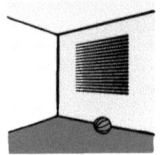

падлога

Ziemia

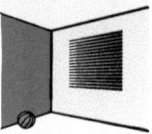

сцяна

Ściana

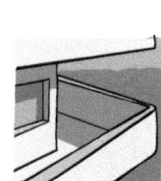

столь

Koc

падвал

Piwnica

саўна

Sauna

балкон

Balkon

тэраса

Taras

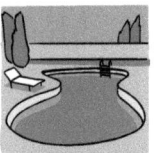

басейн

Basen

касілка

Kosiarka do trawy

падкоўдранік

Poszwa

коўдра

Kołdra

ложак

Łóżko

венік

Miotła

вядро

Wiadro

выключальнік

Włącznik

жылы пакой
Pokój dzienny

шпалеры
Tapeta
малюнак
Obraz
лямпа
Lampa
паліца
Regał
шафа
Szafa
тэлевізар
Telewizor
камін
Komin
кветка
Kwiat
падушка
Poduszka
канапа
Kanapa
ваза
Wazon
пульт
Pilot

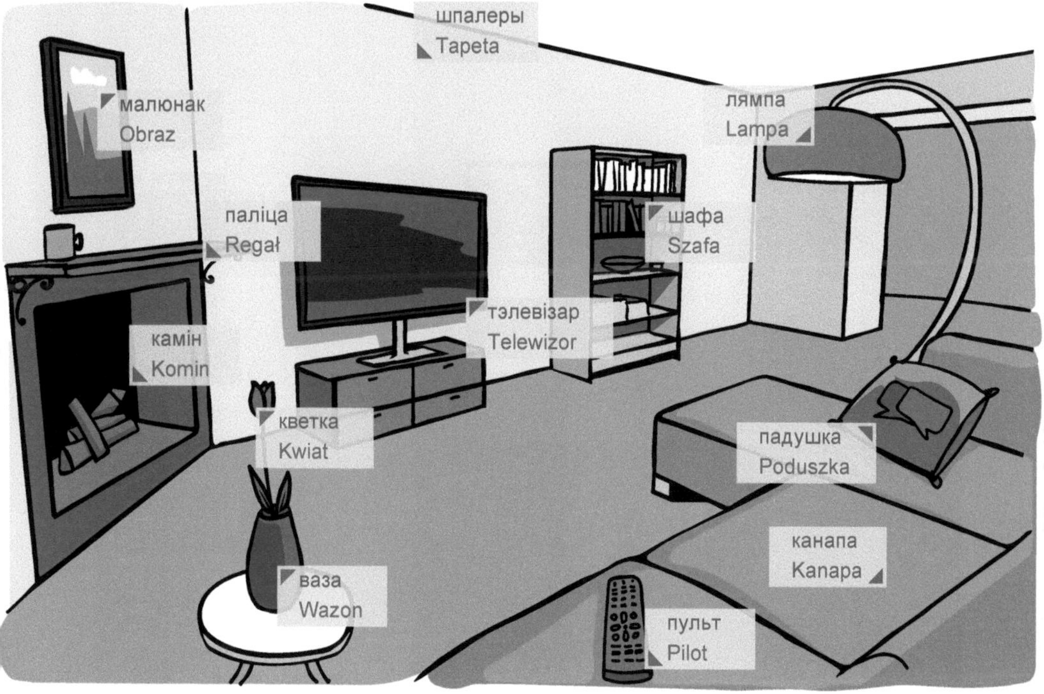

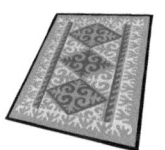

дыван

Dywan

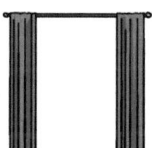

фіранка

Zasłona

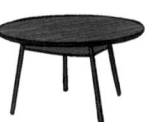

стол

Stół

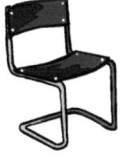

крэсла

Krzesło

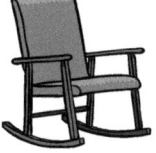

крэсла-качалка

Bujak

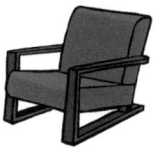

крэсла

Fotel

кніга

Książka

коўдра

Sufit

дэкарацыя

Dekoracja

дровы

Drewno kominkowe

кіно

Film

стэрэасістэма

Instalacja stereo

ключ

Klucz

газета

Gazeta

карціна

Malunek

постар

Plakat

радыё

Radio

нататнік

Notatnik

пыласос

Odkurzacz

кактус

Kaktus

свечка

Świeczka

кухня
Kuchnia

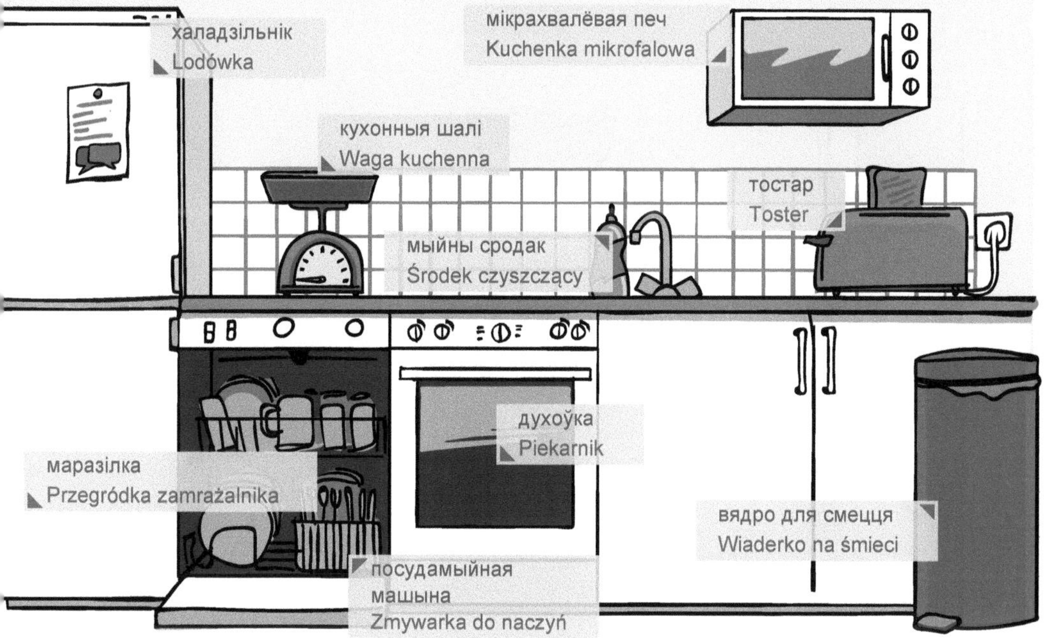

халадзільнік
Lodówka
мікрахвалёвая печ
Kuchenka mikrofalowa
кухонныя шалі
Waga kuchenna
тостар
Toster
мыйны сродак
Środek czyszczący
духоўка
Piekarnik
маразілка
Przegródka zamrażalnika
вядро для смецця
Wiaderko na śmieci
посудамыйная машына
Zmywarka do naczyń

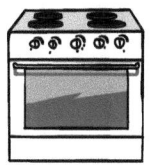

пліта

Kuchenka

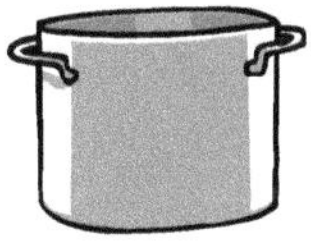

рондаль

Garnek

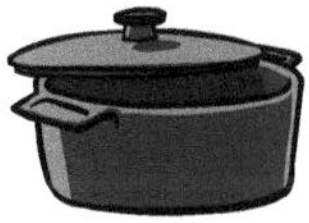

чыгунок

Kocioł żeliwny

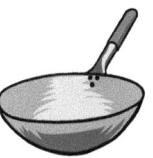

Вок / кадаі

Wok / Kadai

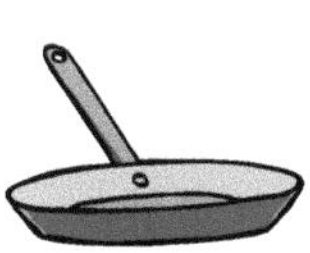

патэльня

Patelnia

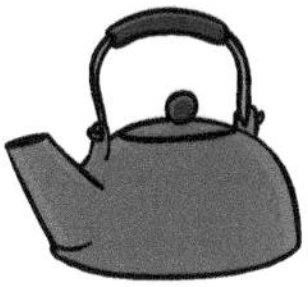

чайнік

Czajnik

параварка

Parowar

бляха

Blacha do pieczenia

посуд

Naczynia kuchenne

кубак

Kubek

міска

Miska

палачкі для ежы

Pałeczki

чарпак

Nabierka

лапатачка

Łopatka do smażenia

збівалка

Trzepaczka do śmietany

сіта для варэння

Cedzak

сіта

Sitko

тарка

Tarka

ступка

Moździerz

грыль

Grillowanie

вогнішча

Palenisko

дошка
Deska

качалка
Wałek do ciasta

штопар
Korkociąg

бляшанка
Puszka

адкрывалка
Otwieracz do puszek

прыхваткі
Ściereczka do trzymania garnka

ракавіна
Umywalka

шчотка
Szczotka

губка
Gąbka

міксер
Mikser

маразільная камера
Zamrażarka

бутэлечка
Butelka dla niemowlęcia

вадаправодны кран
Kran

ванная
Łazienka

душ
Prysznic
ручніковы сушыцель
Ogrzewanie
ручнік
Ręcznik
штора для душа
Kotara prysznicowa
пенная ванна
Płyn do kąpieli
ванна
Wanna kąpielowa
шклянка
Szklanka
мыйная машына
Pralka
вадаправодны кран
Kran
плітка
Kafelki
начны гаршчок
Nocnik
ракавіна
Umywalka

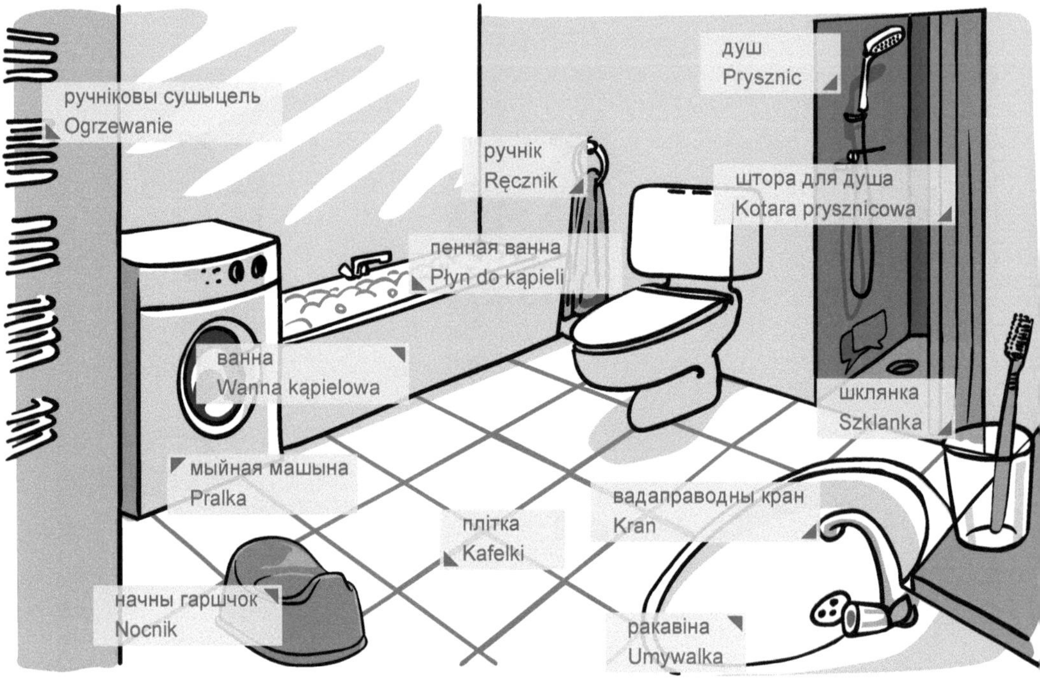

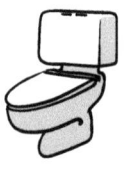

туалет

Toaleta

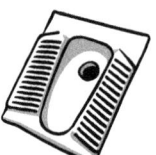

падлогавы ўнітаз

Toaleta kuczna

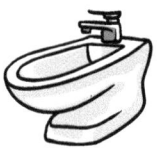

бідэ

Bidet

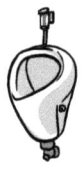

пісуар

Pisuar

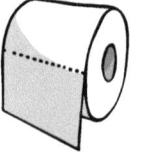

туалетная папера

Papier toaletowy

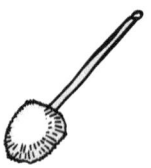

шчотка для чысткі ўнітаза

Szczotka toaletowa

зубная шчотка

Szczoteczka do zębów

зубная паста

Pasta do zębów

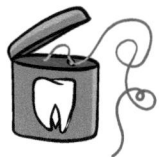

зубная нітка

Nitki do czyszczenia zębów

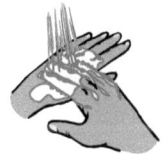

мыць

myć

ручны душ

Głowica prysznicowa

інтымны душ

Płyn kąpielowy do higieny intymnej

умывальнік

Miska do mycia

шчотка для спіны

Szczotka kąpielowa

мыла

Mydło

гель для душа

Żel prysznicowy

шампунь

Szampon

вяхотка

Rękawica kąpielowa

вадасцёк

Odpływ

крэм

Krem

дэзадарант

Dezodorant

люстэрка

Lustro

касметычнае люстэрка

Lustro kosmetyczne

станок для галення

Golarka

пена для галення

Pianka do golenia

ласьён пасля галення

Woda po goleniu

грэбень

Grzebień

шчотка

Szczotka

фен

Suszarka do włosów

лак для валасоў

Spray do włosów

касметыка

Makijaż

памада

Pomadka

лак для пазногцяў

Lakier do paznokci

вата

Wata

манікюрныя нажніцы

Nożyczki do paznokci

духі

Perfum

касметычка

Kosmetyczka

табурэтка

Taboret

вагі

Waga

лазневы халат

Szlafrok kąpielowy

санітарныя пальчаткі

Rękawice gumowe

тампон

Tampon

гігіенічныя пракладкі

Podpaska damska

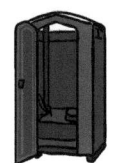

біятуалет

Toaleta chemiczna

дзіцячы пакой
Pokój dziecięcy

будзільнік
Budzik
мяккая цацка
Pluszowa przytulanka
цацачная машынка
Samochodzik
бразготка
Grzechotka
лялечны домік
Domek dla lalek
падарунак
Prezent

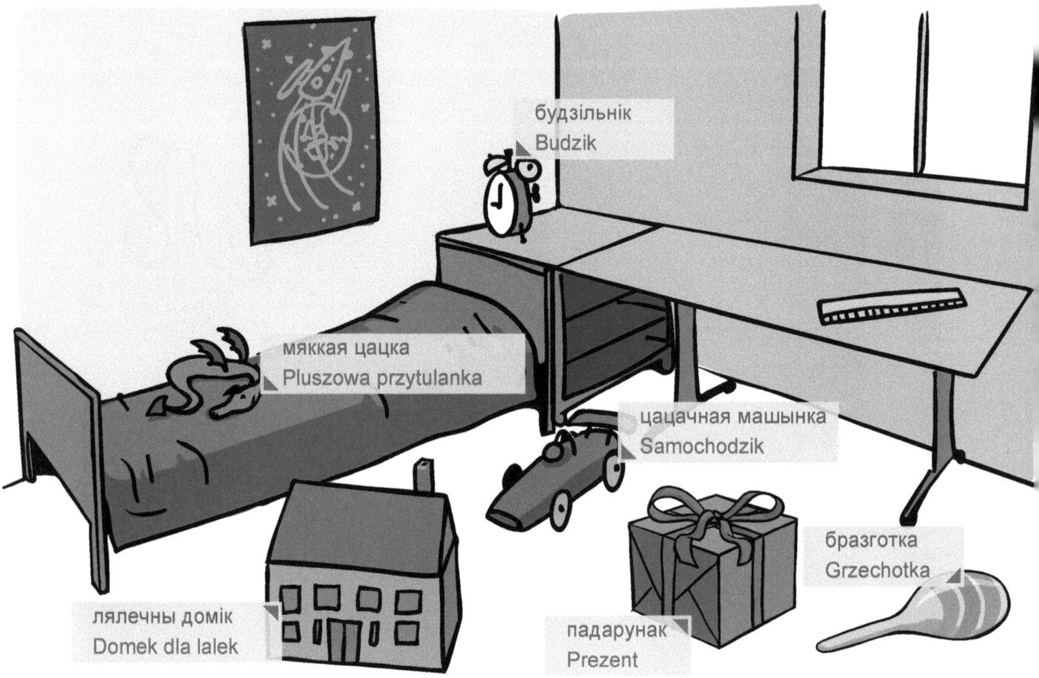

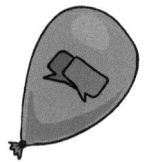

надзіманы шарык
....
Balon

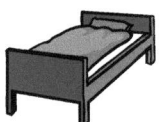

ложак
....
Łóżko

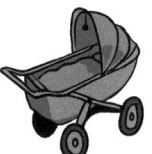

дзіцячая каляска
....
Wózek dziecięcy

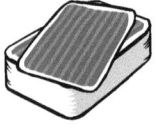

калода картаў
....
Gra w karty

пазл
....
Puzzle

SUPER
MEGA

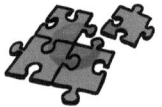

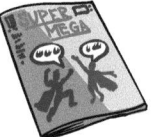

комікс
....
Komiks

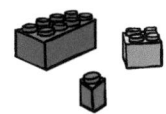

канструктар "Лега"

Klocki lego

канструктар

Klocki

экшэн-фігурка

Action figura

дзіцячы гарнітур

Śpioszek dziecięcy

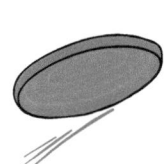

фрызбі

Frisbee

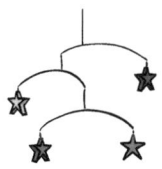

дзіцячы мабіль

Zabawki ruchome

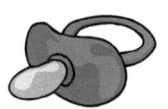

настольная гульня

Gra planszowa

кубік

Kości

дзіцячая чыгунка

Kolejka elektryczna

пустышка

Smoczek

дзіцячае свята

Przyjęcie

кніга з малюнкамі

Książka z ilustracjami

мячык

Piłka

лялька

Lalka

гуляцца

bawić się

пясочніца

Piaskownica

арэлі

Huśtawka

цацкі

Zabawki

гульнявая відэа прыстаўка

Konsola do gier

трохколавы ровар

Rowerek trójkołowy

плюшавы мішка

Pluszowy miś

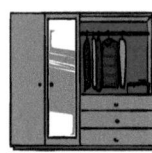

шафа

Szafa ubraniowa

адзенне

Ubiór

шкарпэткі

Skarpety

панчохі

Pończochy

калготкі

Rajstopy

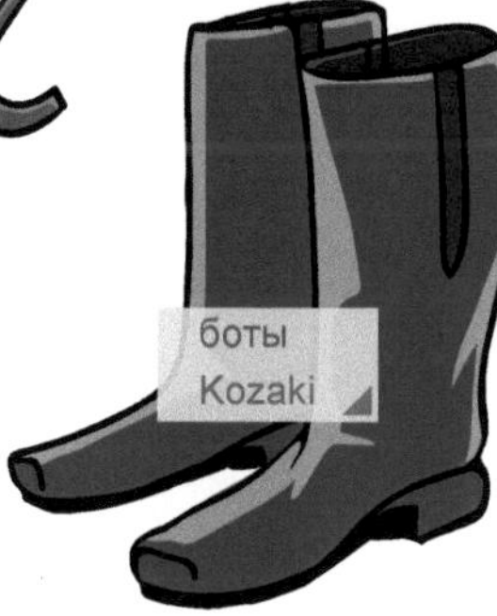

шалік
Szal

парасон
Parasol

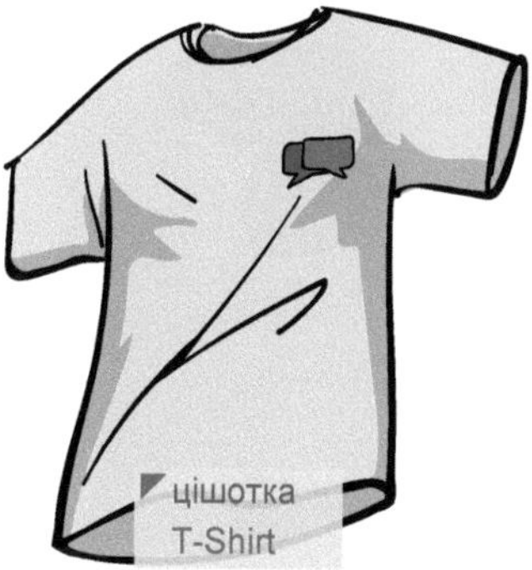

рамень
Pasek

цішотка
T-Shirt

боты
Kozaki

пантоплі
Pantofle domowe

красоўкі
Obuwie sportowe

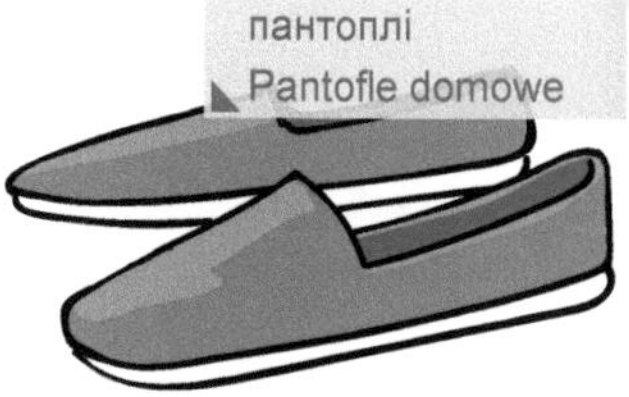

сандалі

Sandały

абутак

Buty

гумовыя боты

Kalosze

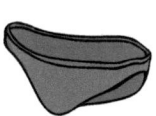

трусы

Majtki

бюстгальтар

Biustonosz

майка

Podkoszulek

бодзі
Body

штаны
Spodnie

джынсы
Dżins

спадніца
Spódnica

блузка
Bluzka

кашуля
Koszula

джэмпер
Pulower

талстоўка
Bluza sportowa

блэйзер
Marynarka

куртка
Kurtka

паліто
Płaszcz

дажджавік
Płaszcz przeciwdeszczowy

касцюм
Kostium

сукенка
Sukienka

вясельная сукенка
Suknia ślubna

касцюм

Garnitur męski

начная сарочка

Koszula nocna

піжама

Piżama

сары

Sari

хустка

Chusta na głowę

цюрбан

Turban

паранджа

Burka

каптан

Kaftan

Абая

Abaya

купальнік

Strój kąpielowy

плаўкі

Kąpielówki

шорты

Krótkie spodnie

спартыўны касцюм

Dres sportowy

фартух

Fartuch

пальчаткі

Rękawiczki

гузік

Guzik

акуляры

Okulary

бранзалет

Bransoletka

каралі

Łańcuszek

кальцо

Pierścionek

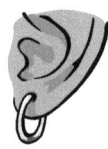

завушніца

Kolczyk

кепка

Czapka

вешалка

Wieszak

капялюш

Kapelusz

гальштук

Krawat

маланка

Zamek błyskawiczny

шлем

Kask

падцяжкі

Szelki

школьная форма

Mundurek szkolny

уніформа

Mundur

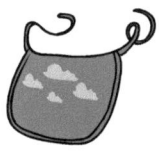

нагруднік

Śliniaczek

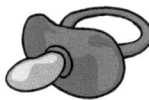

пустышка

Smoczek

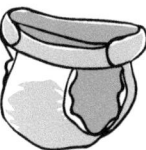

падгузнік

Pieluszka

офіс

Biuro

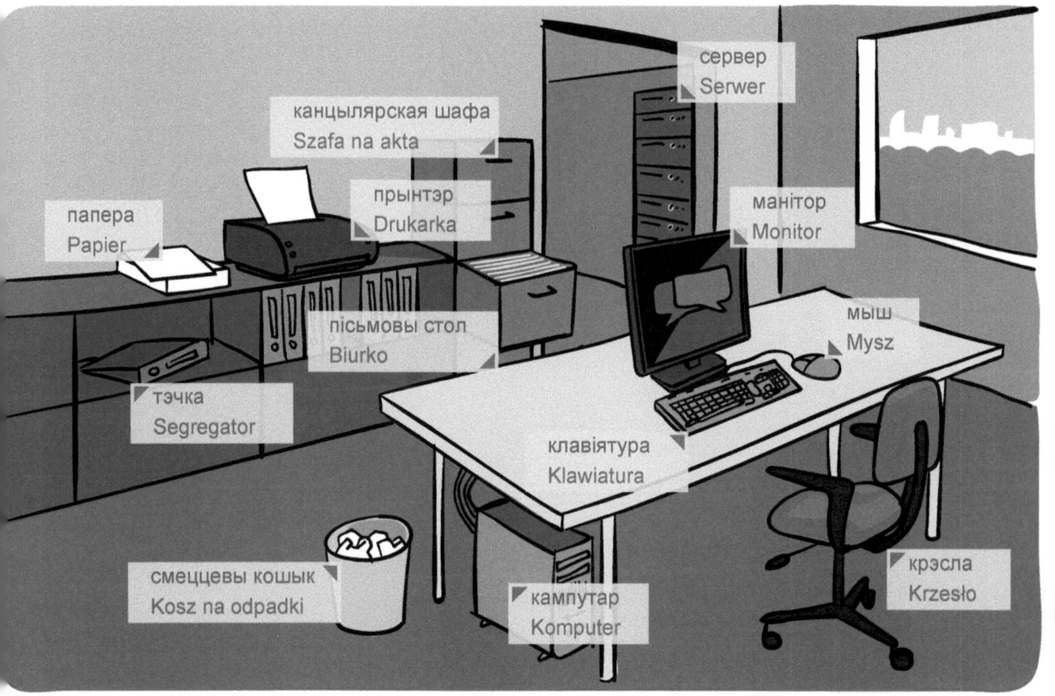
сервер
Serwer
канцылярская шафа
Szafa na akta
прынтэр
Drukarka
папера
Papier
манітор
Monitor
мыш
Mysz
пісьмовы стол
Biurko
тэчка
Segregator
клавіятура
Klawiatura
смеццевы кошык
Kosz na odpadki
кампутар
Komputer
крэсла
Krzesło

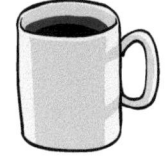

кубак для кавы (філіжанка)

Filiżanka do kawy

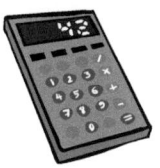

калькулятар

Kalkulator

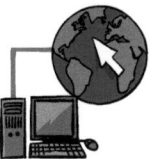

інтэрнэт

Internet

ноўтбук

Laptop

ліст

List

паведамленне

Wiadomość

мабільны тэлефон

Komórka

сетка

Sieć

ксеракс

Kopiarka

праграмнае забеспячэнне

Oprogramowanie

тэлефон

Telefon

разетка

Gniazdko

факс

Faks

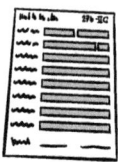

фармуляр

Formularz

дакумент

Dokument

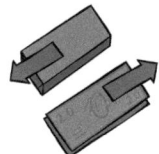

купляць

kupić

плаціць

płacić

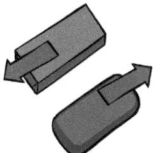

гандляваць

postępować

грошы

Pieniądze

USD

долар

Dolar

EUR

еўра

Euro

JPY

ена

Jen

RUB

рубель

Rubel

CHF

франк

Frank

CNY

кітайскі юань

Juan Renminbi

INR

рупія

Rupia

банкамат

Bankomat

абменны пункт

Kantor wymiany walut

золата

Złoto

срэбра

Srebro

нафта

Olej

энергія

Energia

цана

Cena

кантракт

Umowa

падатак

Podatek

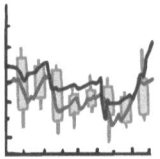

акцыя

Akcja

працаваць

pracować

служачы

Pracownik umysłowy

працадаўца

Pracodawca

фабрыка

Fabryka

крама

Sklep

прафесii
Zawody

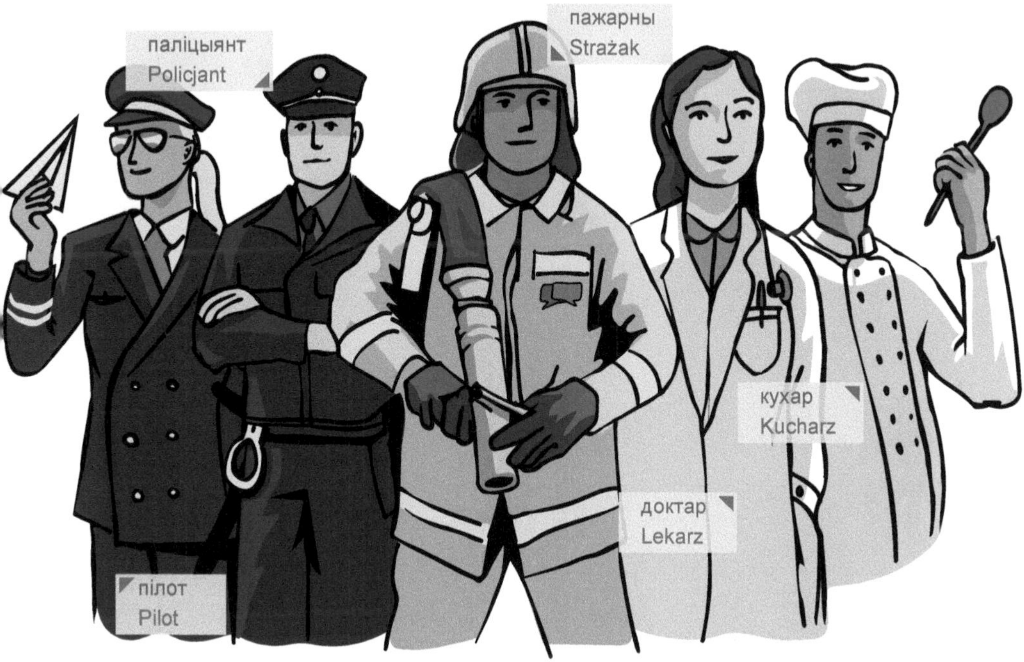
паліцыянт
Policjant
пажарны
Strażak
кухар
Kucharz
доктар
Lekarz
пілот
Pilot

садоўнік

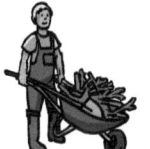

Ogrodnik

слесар

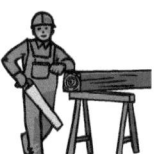

Stolarz

швачка

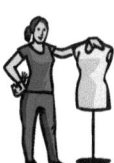

Krawcowa

суддзя

Sędzia

хімік

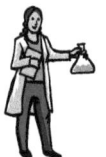

Chemik

артыст

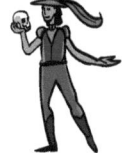

Aktor

кіроўца аўтобуса

Kierowca autobusu

таксіст

Taksówkarz

рыбак

Fischer

прыбіральшчыца

Sprzątaczka

страхар

Dekarz

афіцыянт

Kelner

паляўнічы

Myśliwy

мастак

Malarz

пекар

Piekarz

электрык

Elektryk

будаўнік

Robotnik budowlany

інжынер

Inżynier

мяснік

Rzeźnik

сантэхнік

Instalator

паштальён

Listonosz

салдат

Żołnierz

архітэктар

Architekt

касір

Kasjer

фларыст

Florysta

цырульнік

Fryzjer

кандуктар

Konduktor

механік

Mechanik

капітан

Kapitan

стаматолаг

Dentysta

вучоны

Naukowiec

рабін

Rabin

імам

Imam

манах

Mnich

святар

Proboszcz

інструменты
Narzędzia

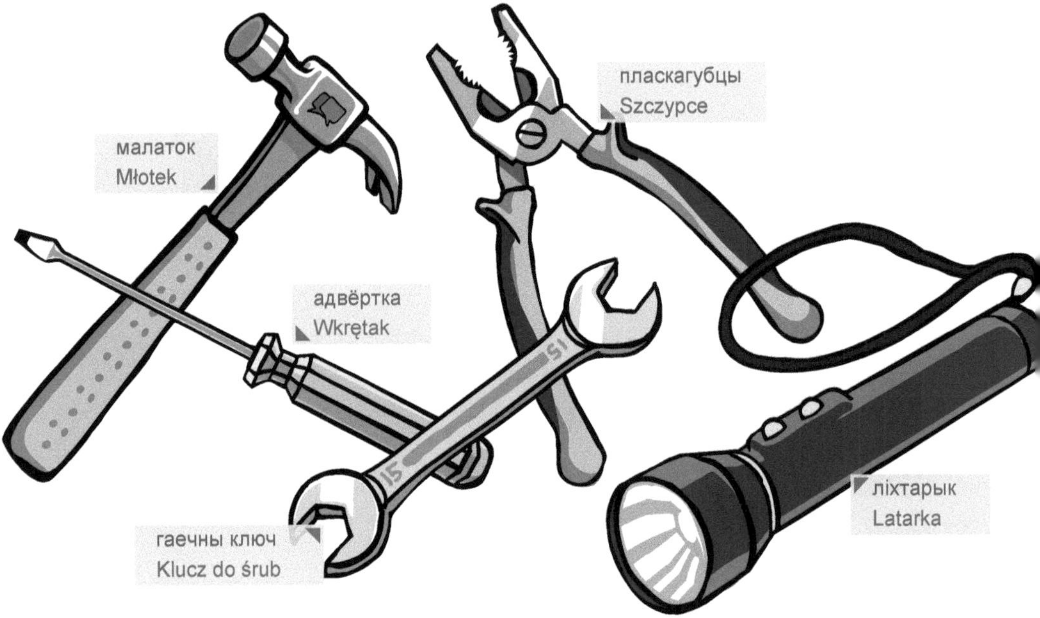
малаток
Młotek
пласкагубцы
Szczypce
адвёртка
Wkrętak
ліхтарык
Latarka
гаечны ключ
Klucz do śrub

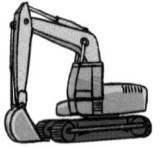

экскаватар

Koparka

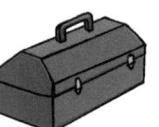

скрыня для інструментаў

Skrzynka narzędziowa

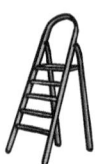

дравіны

Drabina

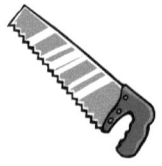

піла

Piła

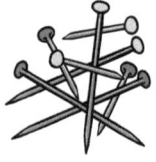

цвікі

Gwoździe

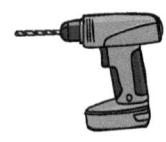

дрыль

Wiertło

рамантаваць

naprawić

рыдлеўка

Łopatka

Халера!

Cholera!

шуфлік для смецця

Szufelka

вядро з фарбаю

Puszka z farbą

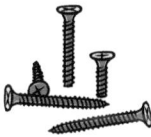

балты

Śruby

музычныя інструменты
Instrumenty muzyczne

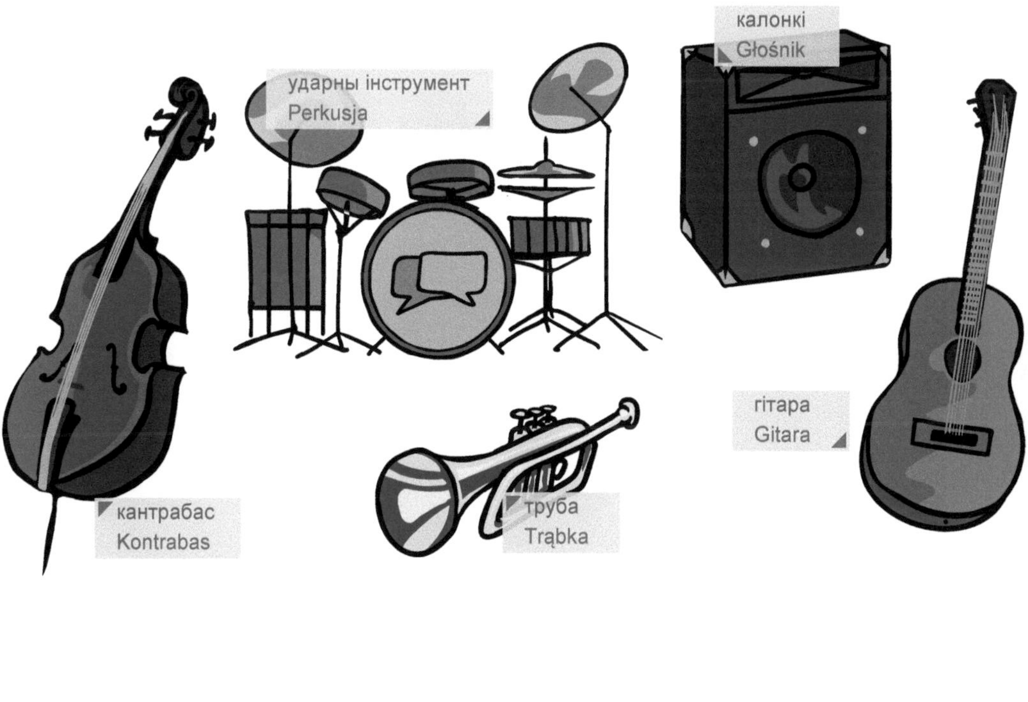

калонкі
Głośnik

ударны інструмент
Perkusja

гітара
Gitara

кантрабас
Kontrabas

труба
Trąbka

піяніна

Pianino

скрыпка

Skrzypce

басгітара

Bas

літаўры

Kotły

барабан

Bęben

клавішны электрамузычны
інструмент

Keyboard

саксафон

Saksofon

флейта

Flet

мікрафон

Mikrofon

заапарк

Zoo

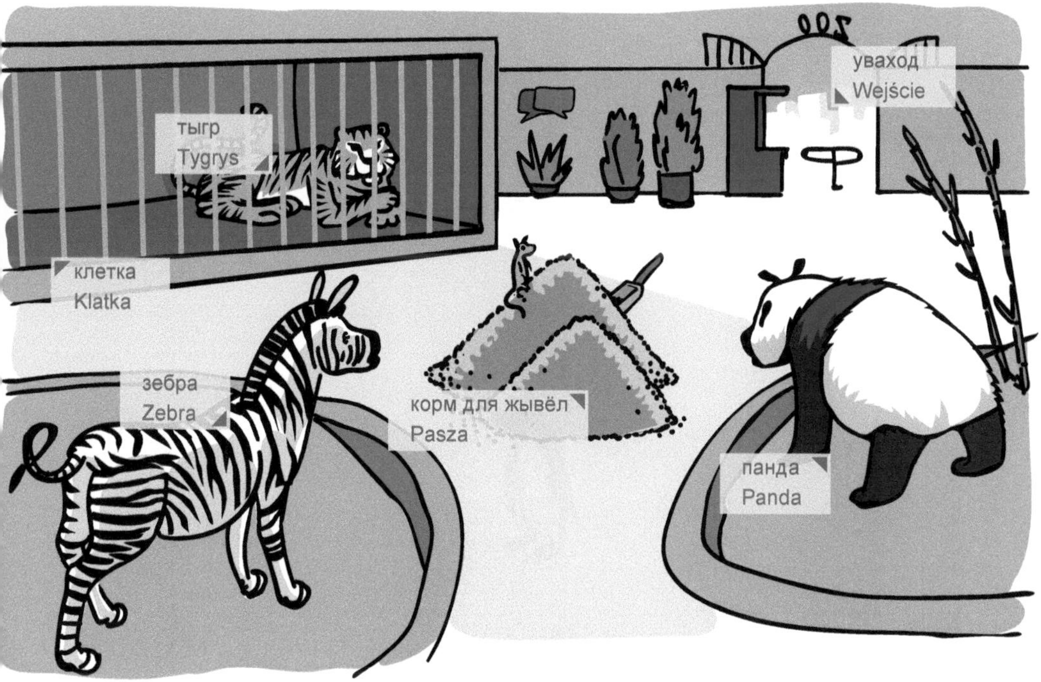

тыгр
Tygrys
уваход
Wejście
клетка
Klatka
зебра
Zebra
корм для жывёл
Pasza
панда
Panda

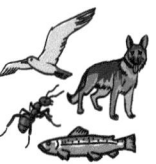

жывёлы

Zwierzęta

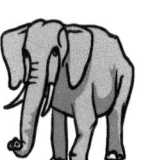

слон

Słoń

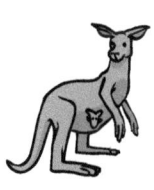

кенгуру

Kangur

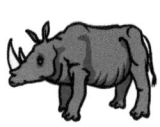

насарог

Nosorożec

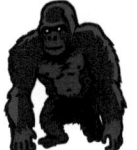

гарыла

Goryl

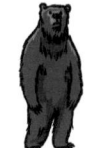

мядзведзь

Niedźwiedź

вярблюд

Wielbłąd

стравус

Struś

леў

Lew

малпа

Małpa

фламінга

Fleming

папугай

Papuga

белы мядзведзь

Niedźwiedź polarny

пінгвін

Pingwin

акула

Rekin

паўлін

Paw

змяя

Wąż

кракадзіл

Krokodyl

наглядчык заапарка

Dozorca w zoo

цюлень

Foka

ягуар

Jaguar

поні

Kucyk

леапард

Gepard

бегемот

Hipopotam

жыраф

Żyrafa

арол

Orzeł

дзік

Dzik

рыбак

Ryba

чарапаха

Żółw

морж

Mors

ліса

Lis

газель

Gazela

амерыканскі футбол
Futbol amerykański

веласпорт
Kolarstwo

тэніс
Tenis

баскетбол
Koszykówka

плаванне
Pływanie

бокс
Boks

хакей з шайбай
Hokej na lodzie

футбол

Piłka nożna

бадмінтон

Badminton

лёгкая атлетыка

Lekka atletyka

гандбол

Piłka ręczna

горныя лыжы

Narciarstwo

пола

Polo

дзейнасць
Działania

смяяцца
śmiać się
скакаць
skakać
абдымаць
objąć
icцi
iść
спяваць
śpiewać
марыць
marzyć
маліцца
modlić się
цалаваць
całować

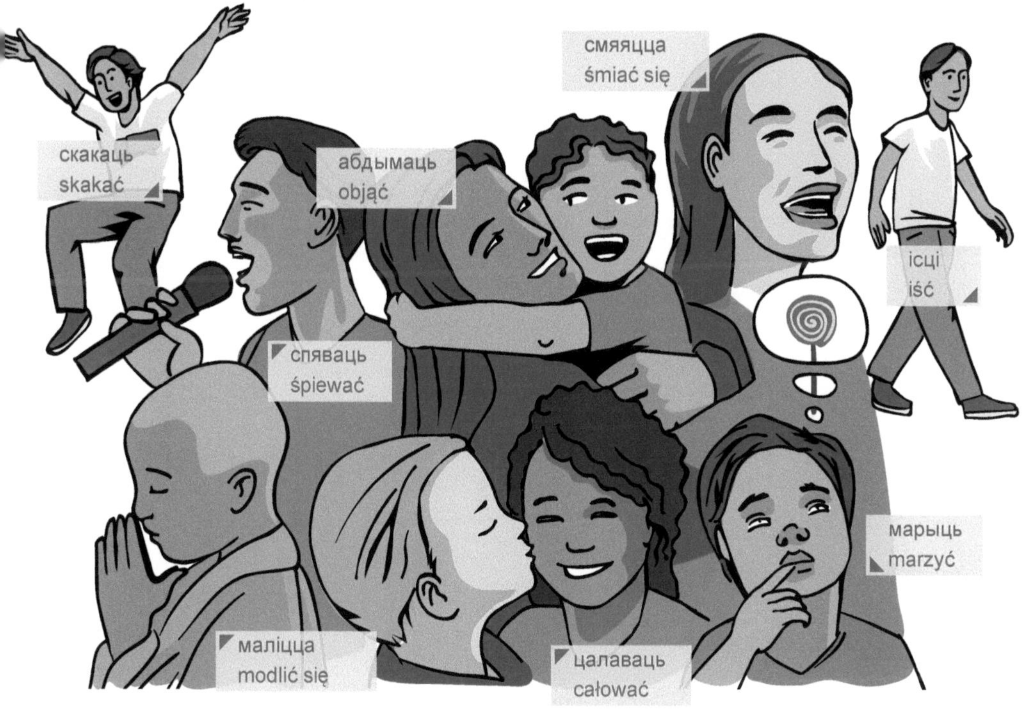

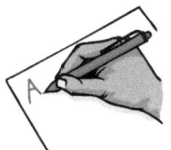

пісаць

pisać

маляваць

rysować

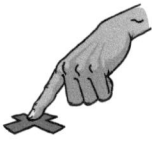

паказваць

pokazywać

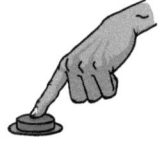

націснуць

nacisnąć

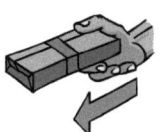

даваць

dać

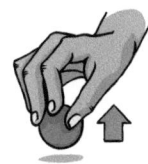

браць

wziąć

маць
mieć

выконваць
robić

быць
być

стаяць
stać

бегчы
biegać

цягнуць
ciągnąć

кідаць
rzucać

падаць
spaść

ляжаць
leżeć

чакаць
czekać

насіць
nosić

сядзець
siedzieć

апранацца
zakładać

спаць
spać

прачынацца
budzić się

глядзець

spojrzeć

плакаць

płakać

лашчыць

głaskać

прычэсвацца

czesać się

гаварыць

mówić

разумець

rozumieć

пытаць

pytać

чуць

słyszeć

піць

pić

есці

jeść

прыбіраць

sprzątać

кахаць

kochać

гатаваць

gotować

ехаць

jechać

лятаць

latać

плаваць пад ветразем

żeglować

лічыць

liczyć

чытаць

czytać

вучыць

uczyć się

працаваць

pracować

уступаць у шлюб

wejść w związek małżeński

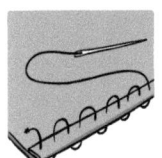

шыць

szyć

чысціць зубы

myć zęby

забіваць

zabić

курыць

palić tytoń

пасылаць

wysłać

бабуля
Babcia

дзядуля
Dziadek

бацька
Ojciec

маці
Matka

дзіця
Niemowlę

дачка
Córka

сын
Syn

госць
Gość

цётка
Ciotka

дзядзька
Wujek

брат
Brat

сястра
Siostra

цела

Ciało

лоб
Czoło
вока
Oko
плячо
Ramię
палец
Palec
твар
Twarz
падбародак
Broda
рука
Ręka
нага
Noga
грудзі
Pierś
рука
Ramię

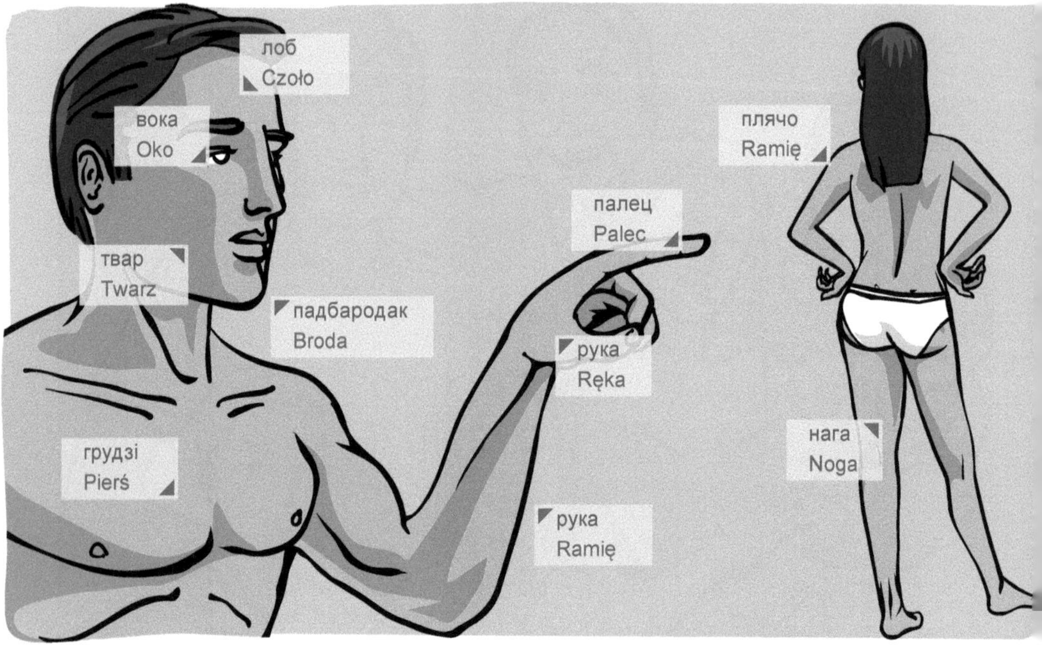

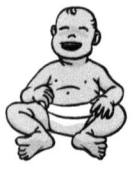

дзіця

Niemowlę

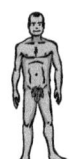

мужчына

Mężczyzna

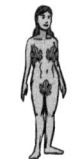

жанчына

Kobieta

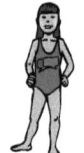

дзяўчынка

Dziewczyna

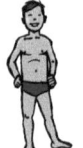

хлопчык

Chłopiec

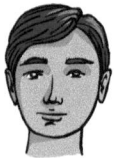

галава

Głowa

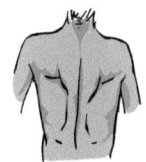

спіна
Plecy

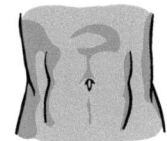

жывот
Brzuch

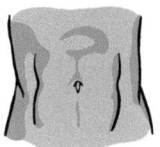

пуп
Pępek

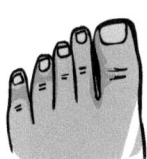

палец нагі
palec nogi

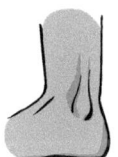

пятка
Pięta

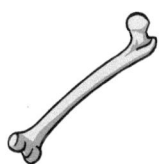

костка
Kość

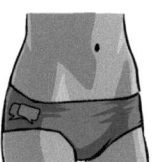

бядро
Biodro

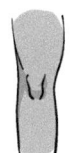

калена
Kolano

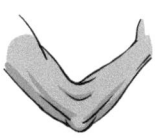

локаць
Łokieć

нос
Nos

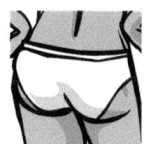

ягадзіца
Pośladki

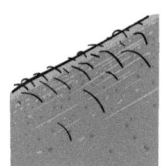

скура
Skóra

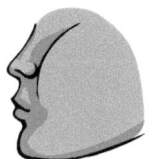

шчака
Policzek

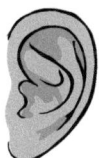

вуха
Uszy

губа
Warga

рот

Usta

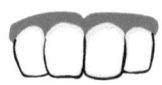

зуб

Ząb

язык

Język

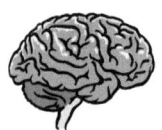

галаўны мозг

Mózg

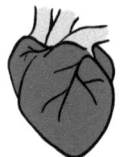

сэрца

Serce

мышца

Mięsień

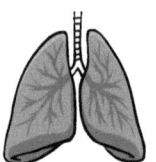

лёгкае

Płuca

пячонка

Wątroba

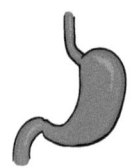

страўнік

Żołądek

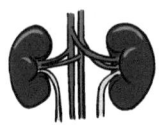

ныркі

Nerki

сэкс

Stosunek płciowy

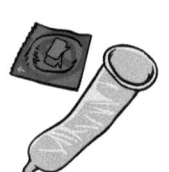

прэзерватыў

Kondom

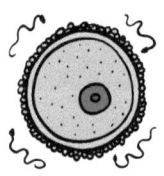

яйцаклетка

Komórka jajowa

сперма

Sperma

цяжарнасць

Ciąża

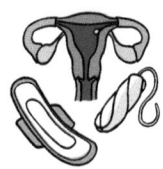

менструацыя

Menstruacja

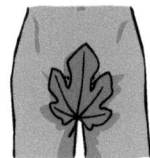

похва

Wagina

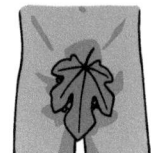

пеніс

Penis

брыво

Brew

валасы

Włosy

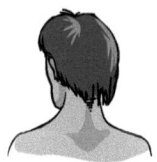

шыя

Szyja

шпіталь
Szpital

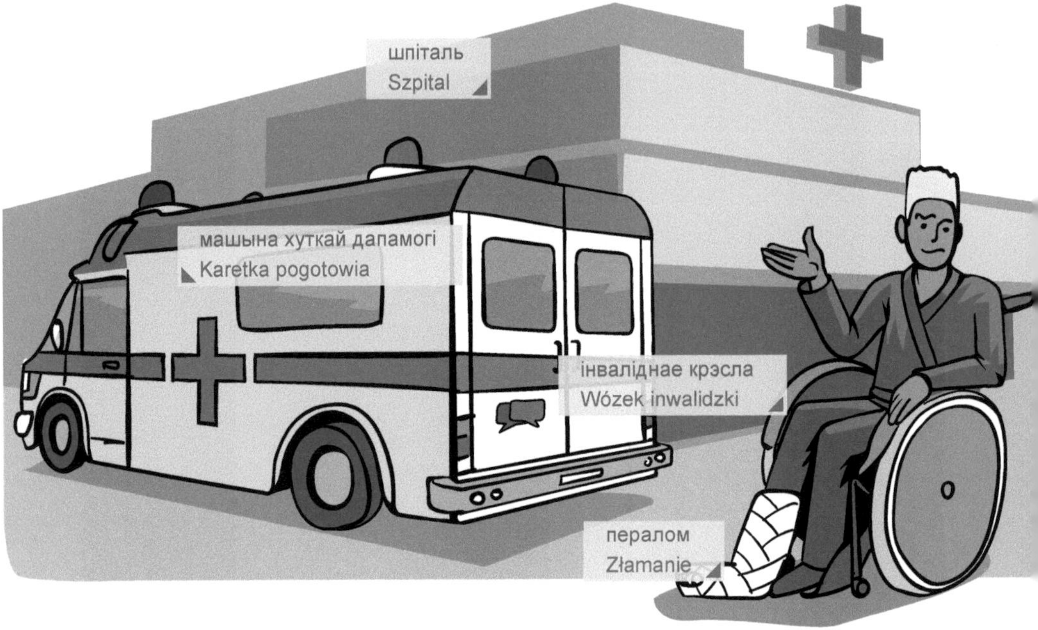

шпіталь
Szpital
машына хуткай дапамогі
Karetka pogotowia
інваліднае крэсла
Wózek inwalidzki
пералом
Złamanie

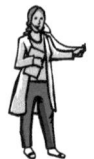

доктар

Lekarz

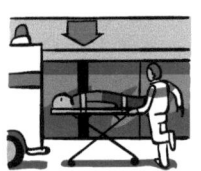

аддзяленне першай дапамогі

Izba przyjęć

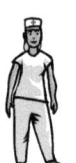

медсястра

Pielęgniarka

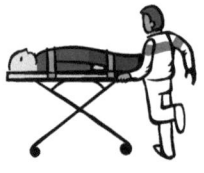

экстраная дапамога

Nagły przypadek

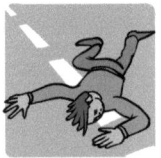

непрытомны

nieprzytomny

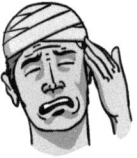

боль

Ból

траўма

Skaleczenie

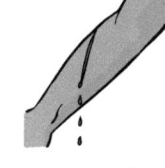

крывацёк

Krwawienie

інфаркт

Zawał serca

апаплексія

Udar mózgu

алергія

Alergia

кашаль

Kaszleć

гарачка

Gorączka

грып

Grypa

панос

Biegunka

галаўны боль

Ból głowy

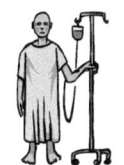

рак

Rak

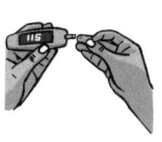

дыябет

Cukrzyca

хірург

Chirurg

скальпель

Skalpel

аперацыя

Operacja

КТ
CT

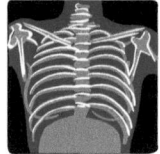

рэнтген
Rentgen

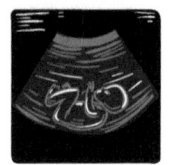

ультрагук
Ultradźwięki

маска
Maska

хвароба
Choroba

пачакальня
Poczekalnia

мыліца
Kula

пластыр
Plaster

бінт
Opatrunek

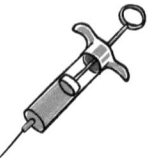

ін'екцыя
Iniekcja

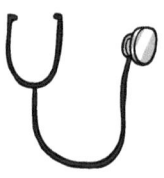

стэтаскоп
Stetoskop

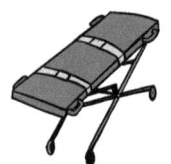

насілкі
Nosze

градуснік
Termometr

нараджэнне
Poród

лішняя вага
Nadwaga

слухавы апарат

Aparat słuchowy

дэзінфекцыйны сродак

Środek dezynfekcyjny

інфекцыя

Infekcja

вірус

Wirus

ВІЧ/СНІД

HIV / AIDS

лекі

Medycyna

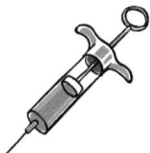

прышчэпка

Szczepienie

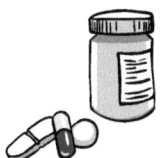

таблеткі

Tabletki

супрацьзачаткавая таблетка

Pigułka

экстраны выклік

Telefon ratunkowy

танометр

Ciśnieniomierz krwi

хворы / здаровы

chory / zdrowy

Ратуйце!

Pomocy!

сігналізацыя

Alarm

напад

Napad

атака

Atak

небяспека

Niebezpieczeństwo

аварыйны выхад

Wyjście awaryjne

Пажар!

Pożar!

вогнетушыцель

Gaśnica

аварыя

Wypadek

аптэчка

Walizeczka pierwszej
pomocy

СОС

SOS

паліцыя

Policja

Еўропа

Europa

Паўночная Амерыка

Ameryka Północna

Паўднёвая Амерыка

Ameryka Południowa

Афрыка

Afryka

Азія

Azja

Аўстралія

Australia

Атлантычны акіян

Atlantyk

Ціхі акіян

Pacyfik

Індыйскі акіян

Ocean Indyjski

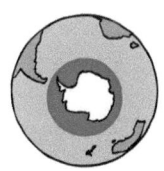

Паўднёвы ледавіты акіян

Ocean Antarktyczny

Паўночны ледавіты акіян

Ocean Arktyczny

Паўночны полюс

Biegun północny

Паўднёвы полюс

Biegun południowy

Антарктыда

Antarktyda

Зямля

Ziemia

краіна

Kraj

мора

Morze

востраў

Wyspa

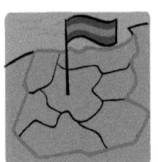

нацыя

Naród

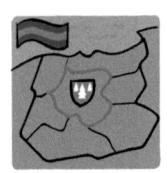

дзяржава

Państwo

цыферблат

Cyferblat

гадзінная стрэлка

Wskazówka godzinowa

хвілінная стрэлка

Wskazówka minutowa

секундная стрэлка

Wskazówka sekundowa

Колькі часу?

Która godzina?

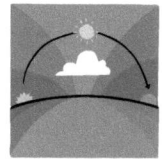

дзень

Dzień

час

Czas

зараз

teraz

электронны гадзіннік

Zegarek digitalny

хвіліна

Minuta

гадзіна

Godzina

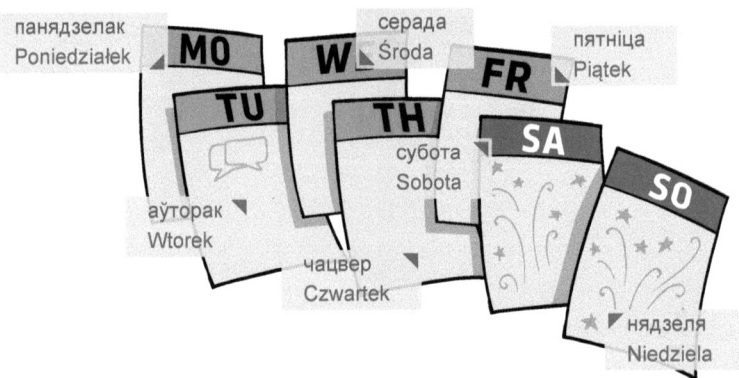

панядзелак
Poniedziałek

серада
Środa

пятніца
Piątek

аўторак
Wtorek

TH

субота
Sobota

чацвер
Czwartek

нядзеля
Niedziela

ўчора

wczoraj

сёння

dzisiaj

заўтра

jutro

раніца

Rano

абед

Południe

вечар

Wieczór

MO	TU	WE	TH	FR	SA	SU
1	2	3	4	5	6	7
8	9	10	11	12	13	14
15	16	17	18	19	20	21
22	23	24	25	26	27	28
29	30	31	1	2	3	4

працоўныя дні

Dni robocze

MO	TU	WE	TH	FR	SA	SU
1	2	3	4	5	6	7
8	9	10	11	12	13	14
15	16	17	18	19	20	21
22	23	24	25	26	27	28
29	30	31	1	2	3	4

выхадныя

Weekend

год
Rok

дождж
Deszcz
вясёлка
Tęcza
вецер
Wiatr
снег
Śnieg
вясна
Wiosna
восень
Jesień
лета
Lato
зіма
Zima

4.APRIL 11°
5.APRIL 4°
6.APRIL 13°
7.APRIL 8°
8.APRIL 10°

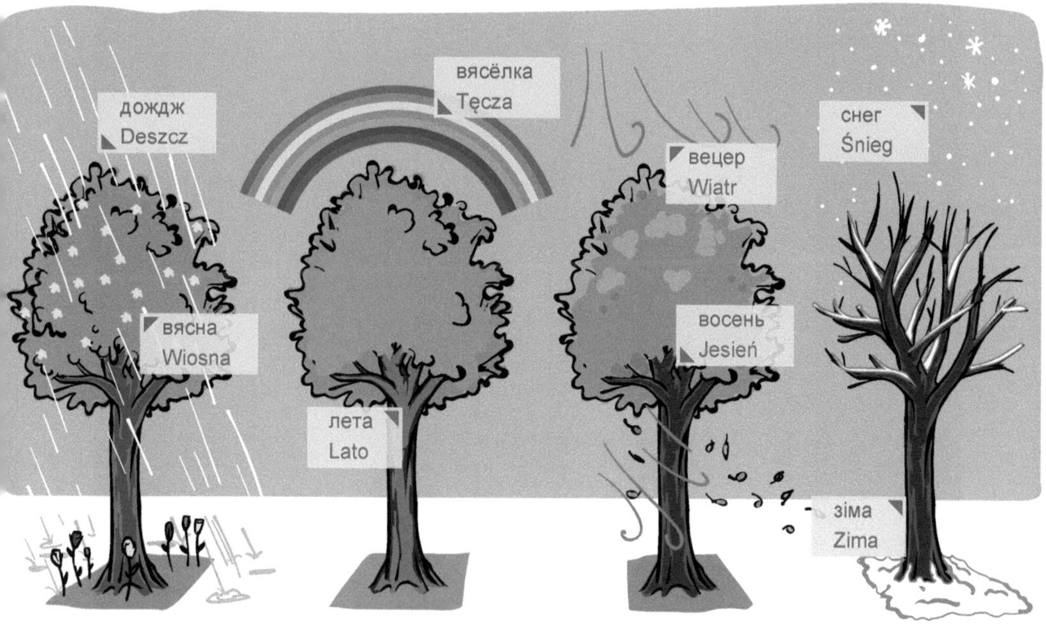

прагноз надвор'я

Prognoza pogody

F C

градуснік

Termometr

сонечнае святло

Światło słoneczne

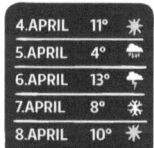

воблака

Chmura

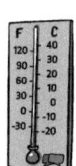

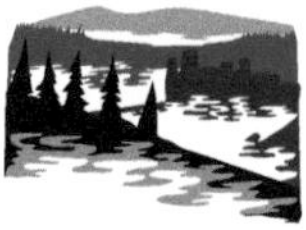

туман

Mgła

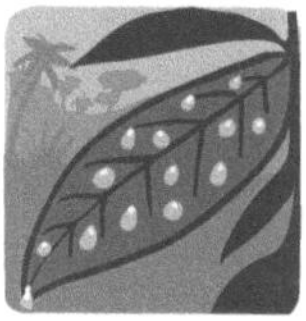

вільготнасць паветра

Wilgotność powietrza

маланка
....
Błyskawica

гром
....
Grzmot

бура
....
Sztorm

град
....
Grad

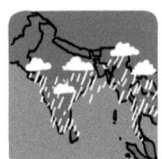

мусонны вецер
....
Monsun

прыліў
....
Potop

лёд
....
Lód

студзень
....
Styczeń

люты
....
Luty

сакавік
....
Marzec

красавік
....
Kwiecień

май
....
Maj

чэрвень
....
Czerwiec

ліпень
....
Lipiec

жнівень
....
Sierpień

верасень

Wrzesień

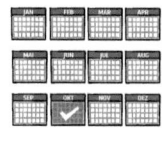

кастрычнік

Październik

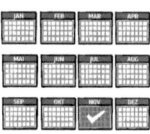

лістапад

Listopad

снежань

Grudzień

формы

Kształty

круг

Koło

квадрат

Kwadrat

прамавугольнік

Prostokąt

трохвугольнік

Trójkąt

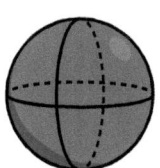

шар

Kula

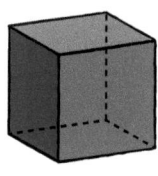

куб

Sześcian

белы

biały

жоўты

żółty

аранжавы

pomarańczowy

ружовы

różowy

чырвоны

czerwony

фіялетавы

liliowy

сіні

niebieski

зялёны

zielony

карычневы

brązowy

шэры

szary

чорны

czarny

шмат / мала

dużo / mało

злы / добры

wściekły / spokojny

прыгожы / брыдкі

piękny / brzydki

пачатак / канец

początek / koniec

высокі / малы

duży / mały

светлы / цёмны

jasny / ciemny

сястра / брат

brat / siostra

чысты / брудны

czysty / brudny

поўны / няпоўны

kompletny / niekompletny

дзень / ноч

dzień / noc

мёртвы / жывы

umarły / żywy

шырокі / вузкі

szeroki / wąski

ядомы / неядомы

jadalny / niejadalny

злы / добры

zły / uprzejmy

узбуджаны / нудны

podniecony / znudzony

тоўсты / тонкі

gruby / chudy

першы / апошні

najpierw / na końcu

сябар / вораг

przyjaciel / wróg

поўны / пусты

pełen / pusty

цвёрды / мяккі

twardy / miękki

важкі / лёгкі

ciężki / lekki

голад / смага

głód / pragnienie

хворы / здаровы

chory / zdrowy

нелегальны / легальны

nielegalny / legalny

разумны / дурны

inteligentny / głupi

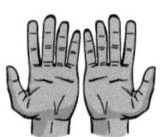

левы / правы

lewo / prawo

побач / далёка

bliski / daleki

новы / былы ва ўжыванні

nowy / używany

нічога / нешта

nic / coś

стары / малады

stary / młody

укл / выкл

włącz / wyłącz

адчынены / зачынены

otwarty / zamknięty

ціхі / гучны

cichy / głośny

багаты / бедны

bogaty / biedny

правільна / няправільна

prawidłowy / błędny

шурпаты / гладкі

chropowaty / gładki

сумны / шчаслівы

smutny / szczęśliwy

кароткі / доўгі

krótki / długi

павольны / хуткі

powolny / szybki

вільготны / сухі

mokry/suchy

цёплы / халаднаваты

ciepły / chłodny

вайна / мір

wojna / pokój

0

нуль

zero

1

адзін

jeden

2

два

dwa

3

тры

trzy

4

чатыры

cztery

5

пяць

pięć

6

шэсць

sześć

7

сем

siedem

8

восем

osiem

9

дзевяць

dziewięć

10

дзесяць

dziesięć

11

адзінаццаць

jedenaście

12

дванаццаць

dwanaście

13

трынаццаць

trzynaście

14

чатырнаццаць

czternaście

15

пятнаццаць

piętnaście

16

шаснаццаць

szesnaście

17

сямнаццаць

siedemnaście

18

васямнаццаць

osiemnaście

19

дзевятнаццаць

dziewiętnaście

20

дваццаць

dwadzieścia

100

сто

sto

1.000

тысяча

tysiąc

1.000.000

мільён

milion

английская
Angielski

английская (Амерыка)
Angielski amerykański

кітайская мандарынская
Chiński mandaryński

хіндзі
Hindi

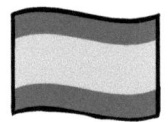

іспанская
Hiszpański

французская
Francuski

арабская
Arabski

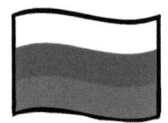

руская
Rosyjski

партугальская
Portugalski

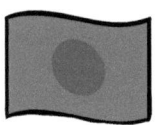

бенгальская
Bengalski

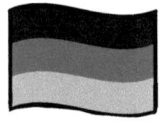

нямецкая
Niemiecki

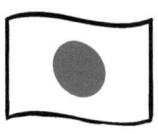

японская
Japoński

я

ja

ты

ty

ён / яна / яно

on / ona / ono

мы

my

вы

wy

яны

oni

хто?

kto?

што?

co?

як?

jak?

дзе?

gdzie?

калі?

kiedy?

імя

Nazwisko

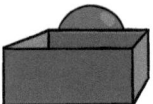

за
za

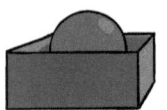

у
w

перад
przed

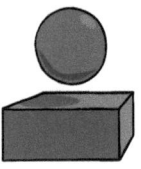

над
powyżej

на
na

пад
pod

каля
obok

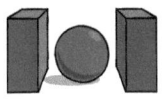

паміж
między

месца
Miejsce